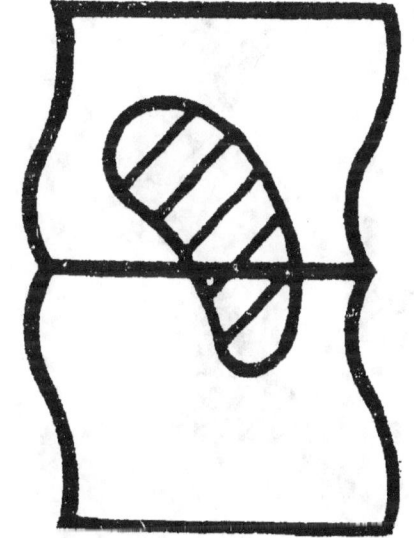
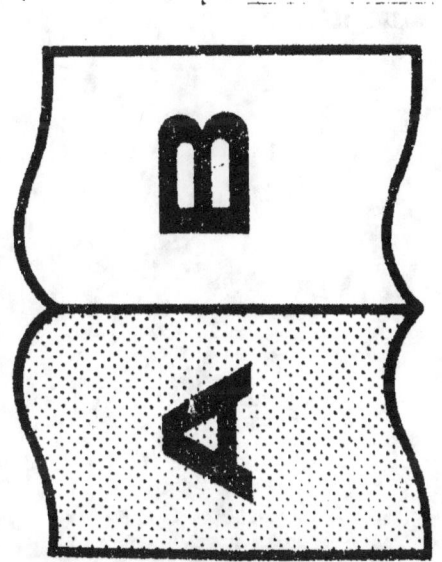

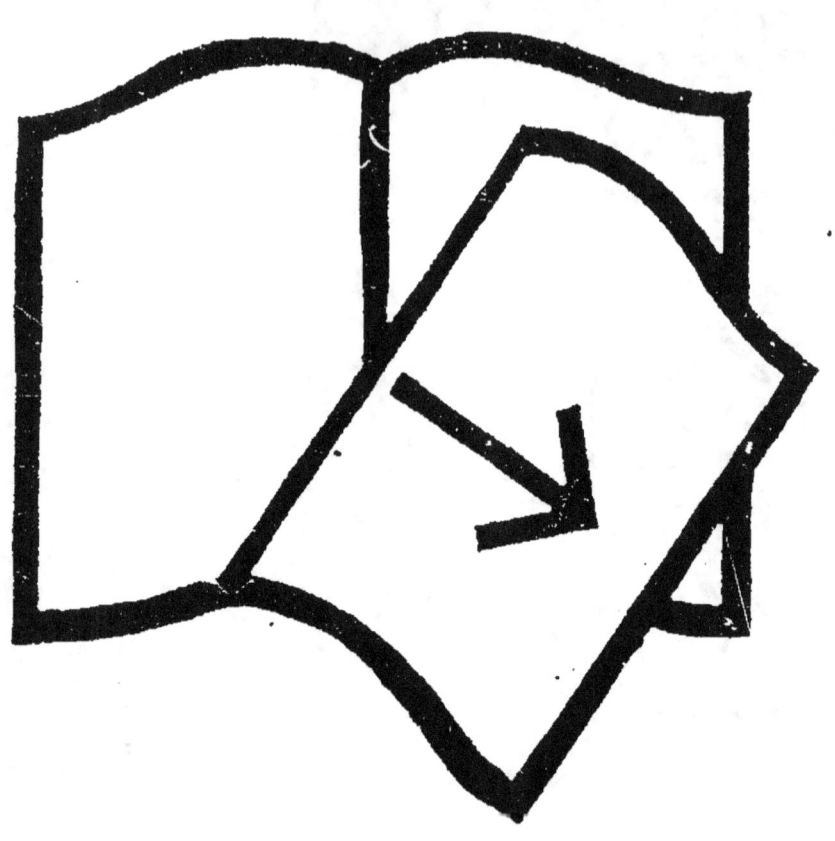

Couverture inférieure manquante

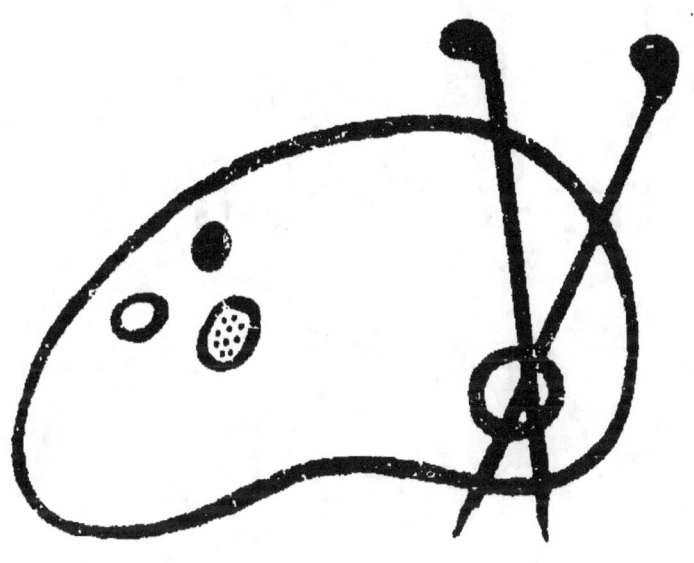

Original en couleur

NF Z 43-120-8

LE

Théâtre à Bernay

AU XVIIIᵉ SIÈCLE

PAR E. VEUCLIN

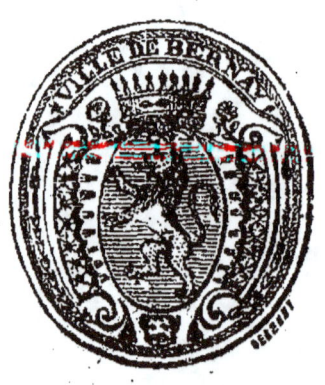

BERNAY

IMPRIMÉ PAR V. E. VEUCLIN

EN L'AN 1885

A Monsieur Léopold Delisle
Hommage respectueux de l'auteur
E. Veuclin

LE

Théâtre à Bernay

AU XVIIIe SIÈCLE

PAR E. VEUCLIN

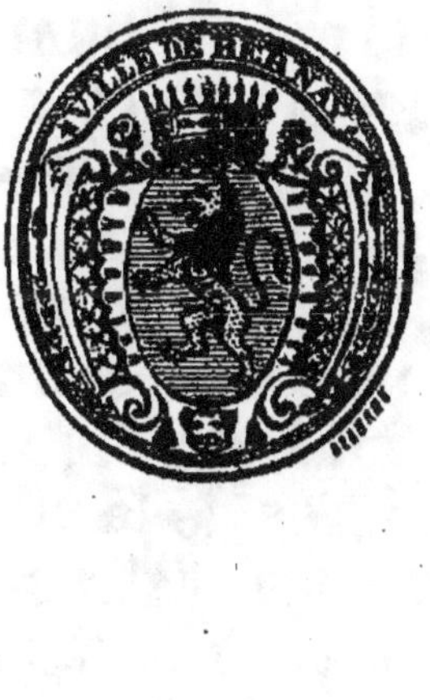

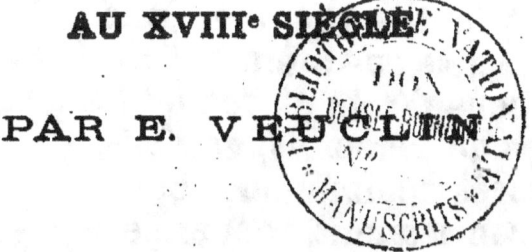

BERNAY
IMPRIMÉ PAR V.-E. VEUCLIN
EN L'AN 1884

LE THÉATRE A BERNAY
AU XVIII° SIÈCLE

I

Avant 1775, en dehors des cérémonies religieuses, les Bernayens n'avaient point de récréations intellectuelles ; leurs seules distractions leur étaient procurées, soit par les réjouissances publiques qui marquaient les événements mémorables, civils ou militaires, intéressant tout le royaume, soit les faits tout locaux, tels que : fêtes patronales des corporations d'arts et métiers, visites et mariages de personnages éminents, gains de procès communaux, etc.; réjouissances qui consistaient, généralement, en feux de joie, « mais », décharges d'artillerie et de mousqueterie par la milice bourgeoise sous les armes, illuminitions dont l'humble chandelle dans sa lanterne de fer-blanc et le modeste lampion faisaient tous les frais ; feux d'artifice où ta fusée jouait le principal rôle. Ajoutons à cela les bals et mascarades du carnaval (1) et pour toute musique municipale les tambours et les fifres de la ville et nous aurons tout dit sur les distractions sensuelles, d'initiative locale, dont jouissaient nos aïeux.

(1) Le 24 janvier 1766, le lieutenant de police défénd les divertissements du carnaval, à cause de la mort récente du Dauphin.

Ils avaient encore pour les divertir, les charlatans, danseurs de corde, chanteurs de chansons, conducteurs de bêtes sauvages et les colporteurs de livres, industriels exclusivement nomades, qui ne faisaient guère que traverser la ville.

La Foire-Fleurie, avec ses nombreux étalagistes étrangers, fournissait aussi, pendant plusieurs semaines, une ample moisson de curiosités aux Bernayens.

Mais de spectacles, de théâtres proprement dits, ils n'en eurent point, par la raison qu'il n'y avait pas alors de troupes ambulantes (1) ; nous en trouvons la preuve dans le réglement général de police de la ville, rédigé le 30 octobre 1722, lequel, dans son article 17, vise tous les industriels précités, mais est muet sur les comédiens ; de plus, les archives du siège de police, ne renferment, avant 1775, pas une seule déclaration de comédiens de passage.

---

(1) La première troupe connue est celle des confrères de la Passion qui, à Paris, vers 1467, représentait publiquement, en plein vent, des « mystères » religieux.

A Paris, des théâtres proprement dits, ne furent établis qu'à partir de 1600 et ce ne fut qu'en 1640 que le public pu jouir des représentations d'opéra jusque là réservées à la cour.

Notre pays eut les prémices du premier opéra joué en France ; ce fut en 1660, au château du Neubourg où le marquis de Sourdéac fit représenter la *Toison d'Or*, de Pierre Corneille.

— (Voir la notice de M. R. Bordeaux ; 1873.)

II

Le premier théâtre qui se soit arrêté à Bernay fut un « jeu » de marionnettes.

On sait quelle fut la vogue, du 16e au 18e siècle, de ces comédies en miniature, qu'illustrèrent Tabarin, Brioché et Séraphin.

Or donc, le 13 juin 1775, un sieur Jacques Mazurier, *représentant un jeu de marionnettes et artificier*, voyageant de ville en ville (1), présente au lieutenant de police de Bernay une supplique à l'effet d'être autorisé à faire représenter et à tirer ses feux d'artifices en la dite ville, pendant un mois.

Suivant l'usage, cette requête est transmise au procureur du roi, lequel « accorde que le suppliant établisse son jeu de « marionnettes et qu'il fasse tirer ses feux « d'artifice aussi longtemps qu'il le paroî- « tra convenable, parce qu'il ne souffrira « aucune indécence dans sa salle de spec- « tacle ny d'ivrognes, à la charge par luy « d'y recevoir gratuitement les commis- « saires et l'huissier du siège pour veiller « à ce qui s'y passe et maintenir l'ordre, « requerant qu'il soit deffendu au supliant « de donner aucun jeu et pièces deshon- « nestes sous les peines au cas apparte- « nant, et de tirer ses feux d'artifice par- « tout où il y aurait le plus petit danger

---

(1) Le 17 août 1761, Mazurier était à Argentan.

« d'incendie (1). »

Le lieutenant de police confirme cette permission, et nous pensons que le petit théâtre de Mazurier eut du succès et qu'il fut l'un des principaux attraits des grandes réjouissances faites par les Bernayens quelques jours plus tard, le 29 juin, à l'occasion du sacre de S. M. Louis XVI (2).

Ce n'est que deux ans après, en 1777, qu'une troupe de véritables comédiens s'arrêta, pour la première fois, dans les murs de la cité bernayenne.

Cette troupe avait à sa tête un ancien dentiste nomade, qui, en avril 1772, prenant le titre « d'inspecteur des opérateurs républiquains », débitait, à Bernay, un beaume et un orviétan renommés (3).

Le document suivant nous fait connaître mieux ce premier directeur théâtral, lequel peut être revendiqué par la Normandie. car, en 1772, il était domicilié à « Bosrgnoul », bailliage d'Orbec (4) :

_____

(1) Tous les documents de cette notice sont extraits des archives municipales de Bernay, séries BB et I.

(2) Voir notre *Histoire de Bernay*, que nous rédigeons et augmentons depuis treize ans.

(3) François Floris de Riond, l'opérateur en question, était muni d'un brevet, daté du 1er novembre 1770, délivré par la commission royale de médecine, pour la vente d'un beaume et d'un orviétan dans tout le royaume. — Le 8 avril 1772, il demande à exercer, à Bernay, pendant 3 mois.

(4) Probablement : Boserenoult, près Le Sap.

A Monsieur Monsieur le Lieutenant Général de Police des Bailliages de Bernay,

Supplie humblement FLORIS DE RIOND, Directeur de Commédie, de présent à Bernay, parroisse de Sainte-Croix,

Et vous remontre que désirant s'installer en cette ville pour y représenter des pièces de Commédie à l'instar du théâtre français et du théâtre itallien, il y a pour ce fait arriver le nombre de personnes convenables au moyen desquelles il se flatte de réussir à la satisfaction du public, mais ne pouvant édifier son théâtre sans en avoir pris la permission: pour l'obtenir, il a l'honneur de vous donner la présente.

Ce considéré, Monsieur, sur les conclusions de Monsieur le procureur du roy, il vous plaise permettre au supliant de faire bâtir dans cette ville un théâtre aux fins de le faciliter à représenter ses pièces de Commédie, pour commencer au quatorze janvier et continuer jusqu'au samedy veille des Rameaux qu'il cessera, à ses obéissances de se conformer aux réglements concernants son état, ce qu'accordant vous ferés Justice.

Présentée à Bernay le treize décembre mil sept cent soixante dix sept par le supliant qui a signé avec Mᵉ Douïs procureur,

FLORIS DE RIOND.   DOUIS.

Soit la présente communiquée au Procᵣ du Roy pour sur sa conclusion estre ordonné ce qu'il appartiendra. A Bernay ced/ jour et an.

LE DANOIS.

Monsieur le procureur du roy, songé par nous avocat soussssigné, qu'après lecture de la présente, n'empesche que les fins n'en soient accordées, parce que neanmoins, il sera enjoint au supliant de ne représenter que les pièces honestes et épurées, et de prendre touttes les précautions possibles pour éviter le trouble, à l'effet de quoi que le commissaire se rendra à touttes les représentations et nous rendra comte de tout ce qui s'y pourroit passer de contraire au bon ordre et à la bonne police. A Bernay ce 15 décembre 1777. FOLLIN, *avocat.*

Vu la requeste présentée par le sieur Floris, la conclusion du procur' du roy songé par M° Follin avocat, après qu'il nous est aparu lu désir des habitans de notre ville d'avoir une comédie, de l'utilité dont elle pourroit y être, pour prévenir les abus du jeu et les accidents de l'oisiveté; sur le raport des bons témoignages qui nous sont revenus dud/ s' Floris des lieux où il a résidé avec sa troupe, nous avons permis et luy permettons d'ouvrir son Théâtre à Bernay, à commencer le vingt de ce mois jusqu'au dimanche des Rameaux exclusivement, aux conditions expresses de se conformer aux différentes dispositions qui le concernent du réglément suivant, ce qu'il a promis faire.

FLORIS DE RIOND.

Article Premier. — Le directeur prendra notre agrément pour le choix de la salle de la Commédie et ne pourra, sous les peines au cas appartenant, souffrir qu'il soit joué sur son théâtre, d'autres pièces que celles qui sont approuvées ny rien permettre en manière que ce soit, qui blesse le respect dû à la Religion, au gonvernement et aux mœurs.

Art. 2. — Deffendons de rien annoncer dans les affiches soit disant de notre permission sans l'avoir préalablement obtenüe, et de dérenger le repertoire des pièces que nous n'en soyons informé.

Art. 3. — Le spectacle commencera aux jours indiqués, de cinq heures et demie à six heures du soir. Il n'en pourra être autrement sans qu'il nous en ait été rendu compte.

Art. 4. — Le directeur s'assurera positivement du nombre de personnes que peuvent contenir les places du spectacle, à l'effet de ne distribuer qu'un nombre égal de billets, à celuy que la salle peut contenir, laquelle doit être suffisamment éclairée (1).

Art. 5. — Le directeur demeure spéciallement chargé des accidens du feu solidairement avec les personnes qui lui procureront un emplacement pour son théâtre.

Art. 6. — On pourra envoyer les domestiques retenir des places, qui seront tenus de se retirer à l'arrivée de leurs maîtres.

Art. 7. — Toutes disputtes ou injures dittes au spectacle seront sévèrement punies; enjoignons aux commissaires d'en rendre procès verbal et mesme, suivant l'occurrence du cas, d'emprisonner les tapageurs, et de nous en informer dans les 24 heures. S'il survient quelques difficultés, elles ne pourront empescher que le spectacle ait lieu, sauf au directeur à se retirer le lendemain par devers nous pour sur le raport du commissaire y être statué ainsy qu'il appartiendra contre ceux qui se seraient immissés à commettre des irrévérences, des voix de fait ou en manière quelconque à déranger l'ordre qui doit être maintenu dans un spectacle.

Art. 8. — Il sera par nous pourvû et aux frais du directeur, à la sûreté intérieure du spectacle.

Art. 9. — Le directeur sera tenu de remettre au commissaire, le premier de chaque mois que le spectacle a lieu, vingt quatre livres pour être distribuées en notre présence aux pauvres des deux paroisses dont fixerons le nombre.

Sera notre sentence de réglement gardée et exécutée en tout son contenu: enjoignons à nos commissaires de ne pas permettre qu'il y soit contrevenu à peinne d'interdiction, et qu'elle soit notoire, ordonnons qu'elle sera imprimée et affichée à la diligence du procureur du roy et

---

(1) *1er Art. 4., biffé sur la minute.* — Les loges les bancs de l'enphitéâtre et autres seront solides et dans un ordre qui place le spectateur commodément, le directeur observera dans ses abonnements de laisser des loges convenables pour les Etrangers.

aux frais du directeur.

Donné à Bernay ce cinq février mil sept cent soixante dix huit, ce que led/ sieur Floris a avec nous et notre greffier signé après lecthre.

François Floris de RIOND.

LE DANOIS   BUCAILLE.

Les documents ci-dessus nous apprennent donc :

Qu'en 1777, il n'y avait pas de salle de théâtre à Bernay ;

Que la population accueillit avec enthousiasme cette première troupe de comédiens ;

Que la troupe Riond n'en était pas à ses débuts, mais qu'elle avait déjà précédemment visité avec succès un certain nombre de villes ;

Que l'importance de l'antique *Foire fleurie* (1) était un des objectifs de cette troupe ;

Que les autorités bernayennes apprécièrent les effets moralisateurs et instructifs de représentations théâtrales saines et intéressantes ;

---

(1) On fait remonter au XI° siècle l'établissement de cette Foire ; elle commençait le mercredi et finissait le samedi de la semaine de la Passion. « Le mercredi, on vend sur le Cours « une très grande quantité de bœufs et de mou- « tons ; le jeudi et le vendredi on vend beaucoup « de chevaux ; et le samedi on vend des mar- « chandises de toutes espèces ; le Cours est char- « gé d'une affluence d'hommes et d'animaux, et « la ville pleine d'une multitude de marchands « forains. » — *Manuscrit Foucques.* — *1765.*

Que nos aïeux soupaient de très bonne heure puisque, au mois de février, ils étaient libres à 5 heures 1/2 (1).

Enfin, la date du réglement précité constate que 25 jours n'avaient pas suffi à Floris de Riond pour faire « bâtir » son théâtre, sur lequel nous n'avons pas trouvé d'autres renseignements.

Les Bernayens du siècle dernier ne furent point gâtés par la fréquence des représentations théâtrales, car nous trouvons un intervalle de quatre années entre chacune des trois premières troupes qui s'arrêtèrent dans leur cité.

Nous pensons que cette lacune tenait uniquement aux difficultés de communication entre Bernay et les grandes villes de la province (2).

En 1782, une seconde troupe de comédiens vint à Bernay ; elle était ainsi composée :

Auguste Durand, sa femme et son fils ;

---

(1) Cette habitude de se coucher de bonne heure venait de ce que, avant 1777, la ville était privée de reverbères, et les porches servant de refuge, la nuit, à de nombreux mendiants et vagabonds, les rues de Bernay, qui n'étaient pas même pavées, étaient mal sûres et dangereuses.

(2) La grande route de Caen à Paris ne fut terminée, dans notre région, que vers 1779 ; celle d'Alençon à Rouen ne traversa Bernay que vers 1788. Quant aux grands chemins d'Orbec, de Lisieux, de Pont-Audemer, du Neubourg, de Beaumont et de Laigle, ils étaient à peu-près impraticables, surtout en voiture.

Jean Huguenin, sa femme et sa fille ;
Pierre le Noir, dit du Tilleul, et sa femme ;
Louis Louvel.

Ces neuf acteurs, dans leur supplique non datée, disent « qu'ils sont arrivés « en cette ville dans le dessein d'y jouer « la comédie. »

Quatre ans plus tard, le 29 mai 1786, Jean Poirier, « comédien françois rési- « dant présentement en la ville de Pont- « audemer », demande à conduire à Ber- nay la troupe dont il est le directeur. Per- mission lui est accordée « à la charge de « donner les noms et surnoms de ses ac- « teurs et la feuille des pièces qu'il repré- « sente. »

En 1788, arrivée d'une troupe de re- nom, ainsi qu'il appert de la supplique sui- vante :

« A Monsieur, Monsieur le lieutenant général de Police, etc.

Supplient humblement les sieurs Viala, Ler- ville et Devillebreuil, ce dernier demeurant à Troye en Champagne,

Et vous remontrent qu'ils se sont destinés, avec huit autres personnes formant une troupe, pour représenter le Tragique et le Comique. Ils se sont déjà présentés dans plusieurs villes de la province où ils représentent à la satisfaction du public : ils sortent présentement de la ville d'Elbeuf sur Seine, où ils ont représenté des pièces à l'applaudissement de Messieurs les Magistrats et de tous ceux qui ont bien voulu assister à leurs représentations, ainsi qu'il ré- sulte du certificat de Monsieur Blin, juge en chef dudit lieu, en datte du 28 juillet dernier, où ils se sont comportés avec toute la décence et l'honnestété en pareille circonstance.

« Ils désirent, Monsieur, amuser en cette ville toutes les personnes distinguées et en général le public par des représentations soit tragiques soit comiques, mais ils ne le peuvent faire, etc.

A ce qu'il vous plaise, Monsieur..., permettre aux supliants..., de lever un théâtre en maison et place quelconque de cette ville et de représenter des pièces....., pendant tout le temps qu'elles seront suivies... »

Présentée ce 8 août 1788, a le sieur de Villebreuil, signé tant pour luy que pour son confrère et sa troupe... »

Le 12 août suivant, permission leur est accordée, « jusqu'à nouvel ordre », par Le Danois de la Soisière, lieutenant général de police de la ville de Bernay.

III

La Révolution de 1789, en bouleversant et détruisant toutes les institutions anciennes et en s'attaquant progressivement au culte catholique, produisit un courant anti-religieux dont les funestes effets, que nos magistrats locaux tentèrent plusieurs fois d'arrêter, ne tardèrent pas à envahir le théâtre.

Ceci est démontré par le document suivant qui nous apprend d'abord qu'en 1791 une troupe de comédiens, dirigée croyons-nous par un nommé Rillet, était établie à Bernay, et que les Filles de S. Vincent de Paul, dont nous avons maintes fois signalé le dévouement (1), avaient à cette épo-

_____

(1) Voir notre notice intitulée : *Saint Vincent de Paul à Bernay, en 1650*. — 1876.

que déjà bien désastreuse pour les communautés religieuses, plus d'amis que d'ennemis :

A Messieurs les Maire et Officiers municipaux de la ville de Bernay, assemblés en Bureau.

Remontre le Procureur de la commune que les municipalités réunissent aux fonctions administratives celles de la police; elles sont sous cette qualité, les protecteurs des mœurs et de la Religion et ne peuvent ni ne doivent tolérer aucuns jeux et spectacles qui porteroient atteintes à la sûreté et à l'honneur des citoyens de tous les rangs.

Nous dénoncerons icy une troupe établie sous auspices de la municipalité, pour représenter différentes pièces de théâtres.

La permission n'a été accordée que sous la condition implicite de se renfermer dans les bornes du respect envers tout individu; si le théâtre est l'école des mœurs, il ne doit pas être converty en une licence effrénés.

Cependant, nous remettons sur le bureau un des placards affichés en cette ville par la troupe des commédiens y établis, il porte ce placard : *Par permission, les commédiens donneront aujourd'hui six heures précises,* **Le Juge incorruptible,** *suivy des* **Sœurs grises ou le Cagotisme confondu,** *comédie en deux actes par un amateur de cette ville.*

On nous a raporté que cette petite comédie en deux actes a pour but unique, de mettre en dérision sur le théâtre les mœurs et la conduite des Sœurs grises établies en cette ville.

Sy elles ont des torts, nous devons les plaindre, sy elles s'écarte de leurs devoirs, nous nous en ferons un de les livrer au bras séculier, mais la Charité ne permet pas de jouer sur un théâtre la conduite d'une société religieuse.

Tout le monde sait combien cette société est utile aux pauvres de la ville; quelle confiance aura-t-elle désormais sy on permet de la donner en ridiculle sur un théâtro.

Cette pièce ne pourroit avoir que le but de faire chasser de la ville un établissement qui fait le soulagement du pauvre, et que deviendroit alors la malheureuse victime de l'indigence qui se trouveroit sans secours; n'aurait-elle pas raison de nous dire : vous pouviés, vous deviés vous opposer à l'insulte et à l'outrage qu'on a fait à des filles qui nous étoient utilles; vous les avés chassées tolérant l'insulte qu'on leur a fait et nous serons sans secours.

Nous avons mandé le chef de cette troupe, nous luy avons représenté que la publicité d'une pareille pièce pourroit avoir ses dangers. Cet homme bouillant, sans nous entendre, nous a soutenu qu'il avoit le droit de représenter sur son théâtre telle pièce qu'il lui plairoit, qu'il n'avoit besoin ny d'avis ny de permission, qu'on pouroit faire ce que l'on vouloit, qu'entrant dans une ville, obtenant la permission de jouer, sauf une rétribution aux pauvres, cela étoit sufisant, que les permissions étoient inutilles pour le détail.

Une parreille assertion nous paroît plaisanterie, et nous ne croirons jamais que la Liberté françoise soumise à la loy, ait le droit de faire ce qui lui plait, lorsqu'il sera question des choses contraires à la loy; nous avons inutillement rappelé cet acteur aux articles quatre et unze de la déclaration des droits.

Pourquoi nous requerons acte nous estre accordé de la représentation que nous faisons sur le bureau de l'affiche cy devant énoncés (1), qu'il

---

(1) Cette affiche, écrite sur une feuille de papier blanc, en travers et encadrée d'une bordure rouge faite au pinceau, est ainsi rédigée :

Par Permission
Les Comédiens donneront aujourd'huy
vendredy six heures préeises

LE JUGE INCORRUPTIBLE ou
Juge du nouveau Régime, pièce nouvelle faite par

soit enjoint à la troupe de commédiens établis en cette ville de poser au greffe de la municipalité la pièce de comédie ayant pour titre: les Sœurs grises ou le Cagotisme confondu, pour et après examen en être permis ou refusé la publicité suivant l'exigence des cas, et que jusqu'à ce deffenses leur soient faites de la jouer, ce qui leur sera notifié à l'instant, de l'ordre exprès de la municipalité, par un des commissaires de police.

A Bernay, ce 8 avril 1791.

LEFÊVRE.

Disons, à l'honneur de la municipalité bernayenne, que la douleur du scandale public préparé par quelques esprits malveillants mais reprouvé par la population, fut épargné aux respectables Sœurs grise de la Charité (1) ; la représentation fut interdite.

---

un amateur de cette ville, suivie
DES SŒURS GRISES *ou le*
Cagotisme confondu, comédie en 2 actes
par un amateur de cette ville
Prix et Salle ordinaires.

Au verso de ce placard avait d'abord été écrit ce texte, mais en indiquant que la première pièce était une comédie en 1 acte, en prose, et que la seconde était du même auteur.

(1) Etablies à Bernay vers 1651, les Filles de la Charité y étaient encore au 12 septembre 1792, jour où elles durent changer leur costume. Le 6 octobre 1793, le comité de surveillance de Bernay déclara suspecte la fille Dauvet (ou Damet), ci-devant supérieure des Filles de la Charité. Peu après, forcées de quitter la ville, elles y étaient rentrées au 28 février 1804, peut-être même auparavant.

A partir de 1794, les troupes ambulantes de comédiens furent tuées, en province, par les Fêtes civiques, qui étaient, du reste, de grandes réprésentations théâtrales données par tous les orateurs, poëtes, musiciens locaux, avec le concours des peintres, décorateurs et autres artistes du cru.

Nous n'entreprendrons point de citer les nombreuses fêtes de cette nature qui, jusqu'en 1799, charmèrent plus ou moins les bons habitants de Bernay. Nous n'en relaterons que deux, telles qu'elles sont décrites dans des documents de l'époque.

La première fête nationale eut lieu, à Bernay, le 30 pluviôse an II (11 février 1794) ; son objet était l'inauguration des bustes de Brutus, Marat et Lepeiletier, et l'abolition de l'esclavage. Elle fut ordonnancée, dans un délai de 20 jours, par les citoyens Deschamps, Mutel père, Deshayes, Donnant, Cauchois, Clozet (1), lesquels, dans la suite, furent chargés par la Société populaire, de l'ordonnancement de

---

(1) Deschamps, Alphonse Olivier, 47 ans, originaire d'Orbec, marchand et cafetier à Bernay ; était aussi peintre-décorateur ; — Mutel, Jacques-François, 64 ans, rentier, orateur et poëte; Deshayes, Jean-François, originaire de Grandcamp, 41 ans, ex-prêtre, orateur brillant ; — Donnant, Toussaint Antoine, enfant de Dreux, 24 ans, fonctionnaire public, instituteur ; — Cauchois, Nicolas Thomas, natif de Dieppe, 46 ans, marchand notable ; Clozet, Pierre, 30 ans, marchand notable.

presque toutes les fêtes civiques. Voici ce qu'ils firent pour leur début ; nous laissous la parole au narrateur bernayen du temps :

Le décret qui abolit l'esclavage, cet acte d'humanité qui honorera dans tous les siècles la nation qui en a donné l'exemple, venoit d'être rendu. La Société n'a pas laissé échapper cette occasion d'ajouter un nouvel intérêt à la fête : il fut arrêté que cet événement mémorable y seroit figuré par des signes convenables.

Cette fête a été célébrée le 30 pluviôse avec toute la pompe dont elle étoit susceptible. Le Peuple, affranchi du joug de préjugés et de superstition a montré combien il étoit digne de participer à la fête de la Raison et du Sentiment.

En voici les détails :

Un édifice national (1) avoit été désigné pour être le lieu du rassemblement. Les autorités constituées furent invitées à s'y rendre à dix heures du matin, avec la garde nationale. Les trois bustes (2) couverts d'un voile étoient placés sur une estrade élevée dans le lieu le plus apparent.

Lorsque les corps constitués et les groupes qui devoient figurer dans la cérémonie eurent pris la place assignée à chacun d'eux, la déesse de la Liberté (3), sous le costume et avec les attributs qui lui conviennent, paru sur l'estrade et léva les voiles qui déroboient les trois

(1) La ci-devant église de N.-D.-de-la-Couture.

(2) Offerts par un enfant de Bernay, Bouillerot, Alexis Joseph, 43 ans, député de l'Eure à la Convention, ces bustes furent remis au roulage, à Paris où était alors ce citoyen, le 5 pluviôse ; partis le 7, ils étaient arrivés le 10.

(3) Le citoyen Viot (ex-vicaire de la Couture) a fait le personnage de la déesse de la Liberté et a chanté des couplets analogues dont il est l'auteur, ils ont été vivement applaudis. (*Registre de la Société populaire de Bernay*. Arch. mun.)

bustes aux regards avides du peuple. A l'instant un groupe de musiciens donna le signal du premier élan de l'allégresse publique.

Ensuite un orateur rappela, dans un discours éloquent, les droits que ces trois grands hommes offerts à la vénération du peuple avoient à sa reconnoissance.

A cet éloge qui fut écouté avec le plus vif intérêt, succédèrent des hymnes appropriés à la cérémonie et chantés par un groupe de jeunes citoyennes vêtuës de blanc et ornées d'une écharpe tricolore. Alors commença la marche : elle se fit avec ordre et présenta un aspect imposant.

Les autorités constituées, la Société populaire, les divers groupes et toute la garde nationale défilèrent devant l'estrade dans l'ordre suivant.

Les tambours, les amateurs de musique, les vétérans, les volontaires qui ont défendu Mayence et qui sont revenus dans cette commune pour y rétablir leur santé, les canonniers de Bernay (1), les jeunes citoyens de la première réquisition, la première compagnie de la garde nationale, un groupe de pères de famille dont la plupart ont des fils sur les frontières, deux d'entre eux portoient le buste de Brutus qui a appris à tous les hommes libres que l'intérêt de la patrie doit aller avant tout.

La deuxième et la troisième compagnie, un groupe de jeunes citoyens qui portoient le buste de Lepelletier qui s'est particulièrement occupé de l'Education nationale.

La quatrième et la cinquième compagnie, un groupe formé par les membres de la Société populaire, deux d'entre eux portoient le buste de l'Ami du peuple.

Ces trois bustes étoient placés sur des brancarts décorés de guirlandes, de chiffres et d'ins-

---

(1) Il y avait une artillerie formée des 8 pièces de canon provenant du château de Broglie, en 1789. (Voir notre notice sur cette artillerie.)

criptions.

Celle de Brutus :

> *Citoyens, dans son âme pure,*
> *L'amour de la Patrie a vaincu la nature.*

Celle de Lepelletier :

> *Il travailloit pour toi, Jeunesse, mais le crime*
> *Parmi tes vrais amis, a choisi sa victime.*

Celle de Marat :

> *Peuple, mourir pour toi, fut toujours sa devise,*
> *Mais ton amour l'immortalise.*

A la suite des bustes marchoient la 6ᵉ et la 7ᵉ compagnie.

Un groupe d'hommes de couleur (1) chargés de chaînes et conduits par un blanc armé d'une massue.

Un groupe de jeunes citoyens formoit le cortége de la déesse de la Liberté.

La 8ᵉ et la 9ᵉ compagnie.

Un groupe formé par les autorités constituées.

La 10ᵉ compagnie fermoit la marche.

Tout le cortége se rendit dans cet ordre sur la place de l'arbre de la liberté (2). La garde nationale s'y forma en bataillon quarré au centre duquel se placèrent les différents groupes. Les bustes furent déposés sur une estrade élevée au pied de l'arbre.

La déesse de la Liberté annonce aux hommes de couleur que les législateurs françois avoient vengé l'humanité si longtemps outragée et à l'instant même elle brise leurs fers.

Ces esclaves redevenus hommes manifestent leur joie et leur reconnoissance par les mouve-

---

(1) A la séance du soir, ces nègres factices ont offert à la Société leurs « blouzes » pour être distibués aux enfants, surtout aux orphelins des défenseurs de la patrie. (*Même registre.*)

(2) Place du marché aux chevaux, en haut du boulevard.

ments les plus expressifs et par des dánses à leur manière, l'un d'eux prit la parole et fit une peinture touchante de ce qu'ils avoient enduré lui et ses compagnons d'infortune, un autre chanta des couplets inspirés par l'yvresse que lui causoit un changement si subit et si inatendu.

A l'instant les membres de la Société populaire s'élancèrent vers les nouveaux frères, les serrèrent dans leurs bras et leur mirent sur la tête le bonnet de la liberté. Des hymnes, des chants d'allégresse tesminèrent cette scène touchante.

On se remit en marche dans le même ordre et on s'avança vers l'autel de la Patrie placé sur une élévation qui domine Bernay. Les bustes furent posés sur l'autel, la déesse de la Liberté au milieu de son cortége se plaça sur un des gradins et couronna les grands hommes dont on honoroit la mémoire. Alors un citoyen a pris la parole et prononcé un discours relatif à cette cérémonie. Des hymnes, des couplets furent chantés successivement par de jeunes citoyens, par les hommes de couleur et par des enfants.

De là, on se rendit dans le même ordre au temple de la Liberté et de l'Egalité. Un orateur y prononça un discours véhément sur l'abolition de la superstition, et, blancs et noirs confondus donnèrent la main aux jeunes citoyennes qui formoient le cortege de la déesse et exécutèrent des danses au son des instruments et des voix qui se faisoient entendre de concert dans ce temple dont les voûtes n'avoient retenti jusqu'alors que des tristes accents de la monotonie psalmodique.

De là on retourna dans le même ordre à la salle des séances publiques de la Société populaire et les bustes furent déposés sur les consoles qui leur avoient été préparées. Ainsi se termina cette fête à laquelle le Ciel nous sembla prendre part en faisant luire un jour doux et serein dans une saison froide et pluvieuse, comme pour annoncer qu'il applaudissoit au triomphe de la raison et l'abolition de la superstition.

Nous avons publié précédemment (1) tous les détails de la fête civique célébrée en l'honneur de l'Être suprême, le 8 juin suivant, avec une pompe et un éclat qui mirent en relief tous les littérateurs, les artistes de Bernay et des environs (2).

Voici maintenant un spécimen d'un autre genre de ces cérémonies qui, nous le répétons, étaient de véritables représentations théâtrales en plein vent.

Plan de la fête qui doit être célébrée le décadi de messidor an 2, accepté par la Société populaire et présenté au Conseil de la commune.

A 10 heures du matin, les tambours et amateurs de musique se rendront à la place de l'arbre de la liberté.

Aussitôt ils se mettront en marche pour se rendre au temple dédié à l'Être suprême.

Ils précéderont un groupe de jeunes citoyennes vêtues et costumées en moissonneuses et tenant des faucilles ornées de rubans tricolores.

Ensuitte deux moissonneurs porteront un trophée d'agriculture sur un brancard bien décoré.

Suivra le char de l'Été qui sera une petite charette à ridelle ornée de fleurs et de guirlandes champêtres. L'Été, bien costumé, aura sa corne d'abondance dont il sortira des épis ; sa tête en sera couronnée.

---

(1) Voir le *Bernayen*, n° du 7 octobre 1882.
(2) A cette fête assistait le citoyen Courtin, Pierre-Eustache, notaire public à Orbec ; il prononça un discours et récita une poésie de sa composition. C'était un littérateur de talent.

Après, un groupe de moissonneurs également bien costumés et tenant à leurs mains des faucilles.

Arrivés au temple les groupes se placeront de la manière ordinaire.

L'Eté montera sur une estrade élevée en face de la tribune, décorée de verdure, de trophée de verdure et de fleurs champêtres.

La musique et l'orgue exécuteront des pièces préparées pour la fête.

On chantera : *Amour sacré de la patrie*. Un citoyen adressera un himme à l'Eté. L'orgue et la musique rempliront les intervalles. L'Eté chantera des strophes pour répondre à celles qui lui ont été adressées.

Ici un morceau de musique.

Le citoyen Cauchois (1) prononcera un discours analogue à la fête.

La musique exécutera une marche agréable et tout de suite un air de danse.

Seize moissonneurs et moissonneuses exécuteront un ballet et à la fin du ballet formeront une marche précédée de joueurs d'instruments, et en passant devant l'Eté lui offriront des fleurs.

La fête sera terminée par une invocation à l'Être suprême prononcée par le citoyen Beautier (2). Les musiciens, les tambours et les groupes reviendront à la place de l'arbre de la liberté dans le même ordre (3).

IV

La Société populaire de Bernay, en dehors de son important rôle politique, contribua puissamment, par ses fêtes civi-

---

(1) Cauchois, Nicolas-Thomas, 46 ans, né à Dieppe, marchand et notable à Bernay.

(2) Beautier, Louis-François-Gabriel, 33 ans, né à Bernay, marchand et officier municipal.

(3) *Registre de la municipalité. — An 2.*

ques et nationales, au développement des arts et de la littérature (1), et, sans doute pour répondre au goût de la population pour la comédie, les séances du soir de cette Société furent de véritables soirées théâtrales ; voici le résumé sommaire des plus intéressantes :

Disons d'abord, , une fois pour toutes, que chaque séance était terminée par un des plus beaux chants patriotiques d'alors : l'*Hymne des Marseillais* (2).

An II, 5 pluviôse (24 janvier 1794). Lecture du *Dialogue entre un sans-culotte et un curé*. La Société arrête que mille exemplaires en seront imprimés à ses frais.

25 pluv⁰. — Seconde lecture de cet ouvrage « philosophique » par les citoyens Deshayes et Viot, qui font chacun un des personnages. 50 exemplaires sont offerts au citoyen Deshayes (3). De forts jolis couplets sont chantés par les mêmes à un mariage civique qui a lieu à cette séance.

_____

(1) La Société populaire avait une « chambre littéraire » où l'on trouvait : livres, brochures, 8 journaux, 18 cartes du théâtre de la guerre.

(2) Composé en 1792, par Rouget de l'Isle, cet hyme fut chanté pour la première fois, aux séances de la Société populaire de Bernay, le 9 nivôse an 2 (29 décembre 1793.)

(3) Deshayes, Jean-François, né à Grandcamp le 4 octobre 1753, était ci-devant prêtre habitué de la paroisse de la Couture. Orateur éminent, poëte à l'occasion, chanteur distingué, professeur érudit, Deshayes fut un des principaux acteurs des fêtes civiques bernayennes. Il est, assurément, l'auteur du dialogue précité.

Le citoyen Desbordeaux (1) offre une chanson de sa composition.

25 ventôse. — Parodie d'une procession religieuse avec chants analogues.

5 prairial. — Lecture d'une fable : *La montagne et le marais*, composée par le citoyen Mutel père. Chanson par Courtin.

10 thermidor. — On chante les couplets envoyés par les citoyens Léger et Barré (2).

20 therm{or}. — Desbordeaux offre une poésie dont il est l'auteur. — Lecture des poésies de Lebrun sur Dieu.

22 fructidor. — Mutel fils dit des couplets à des soldats du 24ᵉ régiment de cavalerie, arrivés en cette ville et présents à la séance. Le citoyen Mercier répond à ces couplets et, le 30, il en dit encore.

30 fructidor. — Une société d'amateurs de musique (3) entre dans la salle en

---

(1) Desbordeaux, Jean-Baptiste, né à Bernay, fut emprisonné comme suspect sous la Terreur.

(2) Léger, P.-A.-François, né à Bernay en 1765, habitait alors Paris ; il était acteur dans un théâtre dont Barré était le directeur. Léger a laissé des chansons et des comédies appréciées.

(3) En 1791, une « société d'amateurs musiciens » apparaît pour la première fois, à Bernay, à l'occasion de la première visite pastorale de l'évêque Lindet dans sa ville natale, le 30 mars de la dite année. Auparavant, la musique n'était publiquement exécutée, plus ou moins artistement, que par les carillonneurs de cloches, les organistes, les « serpents », les chantres des églises, les tambours et les fifres de la ville. Ajoutons-y les ménétriers et nous aurons la liste complète des disciples de Ste-Cécile.

jouant des airs patriotiques. Mutel fils (1) capitaine de cette société musicale, prononce un discours sur le but des fêtes décadaires et chante les couplets suivants composés par lui.

CHANSON

(**Air du** *Pas redoublé de Lille.*)

REFRAIN :   Parmi des Patriotes,
Nous venons tous, chantant,
Jurer, en sans-culottes,
Haine à tous les tirans.

Bernayens, la Patrie
Recoit seule nos vœux,
La Liberté chérie
Nous rendra plus heureux.

Autrefois, en esclaves,
Nous regardions les rois,
Mais devenus plus sages,
Nous connaissons nos droits.

La Liberté française,
Parcourant l'univers,
Mettant chacun à l'aise,
Brisera tous les fers.

Aux tambours, aux cimbales,
Nous mêlons les hautbois.
Nos fêtes triomphales
Célèbrent nos exploits.

C'est à tort qu'on plaisante
Le Français réjoui :
Le Français, quand il chante,
Fait danser l'ennemi.

---

(1) Mutel, Jacques-François, enfant de Bernay, âgé de 32 ans, était ingenieur.

A partir de ce jour, cette société de musiciens concourt à l'agrément des séances publiques.

10 vend^re an III. — La musique militaire nationale est accompagnée de citoyens et de citoyennes qui ont bien voulu embellir la fête du jour; ils exécutent un ballet de la composition du citoyen Hazard.

30 id. — Léger donne lecture de l'ode qu'il a composée, pour la fête du matin, en l'honneur de nos frères d'armes blessés à la défense de la patrie. Mutel fils chante l'ode qu'il a adressé, le matin, à ces braves blessés.

10 brumaire. — On propose de faire les fêtes décadaires dans la ci-devant église de Sainte-Croix (1). Ce projet est repoussé.

30 frimaire. — Fête de l'Hiver. Organisateurs: Deschamps: Dalandon (2), Descours (3) : Boudin fils (4) : Hubert Dupont (5). On propose de faire imprimer un recueil d'hymnes choisis pour les fêtes décadaires.

5 nivôse. — Léger adresse une pièce de comédie intitulée : *Christophe Dubois,*

---

(1) Cette église, dépouillée de son mobilier, servait de dépôt de grains et subsistances.

(2) Dalandon, Auguste-Antoine, né à Paris, âgé de 31 ans, était relieur de livres et libraire.

(3) Descours, Pierre-Hubert, né à Bernay, ou à Paris, âgé de 52 ans, peintre distingué.

(4) Boudin, Auguste-Antoine. 26 ans, vitrier.

(5) Hubert Dupont, Pierre, né à Bernay, 52 ans, peintre.

laquelle est lue par Mutel fils, Deshayes, Lacroix, Buschey (1), Philippe le jeune (2).

10 nivôse. — Un hymne à la Vieillesse, composé par Mutel fils, est chanté par ce dernier et par des citoyens et citoyennes avec accompagnement des amateurs de l'Institut de musique. — Seconde lecture de la comédie de Léger..

IV

Des représentations théâtrales proprement dites s'organisent et, le 5 germinal an III (25 mars 1795), le citoyen Donnant, instituteur des élèves de l'Ecole secondaire, fait part à la Société populaire que ses élèves se disposent à représenter devant elle une pièce de comédie intitulée : *La parfaite Egalité*. La société reçoit cet offre avec empressement et arrête qu'elle tiendra une séance extraordinaire le septidi prochain. Les pères et mères des élèves qui doivent figurer dans la pièce seront invités, par un billet du président, à y assister. Les citoyens Boisgruel (3), Che-

---

(1) Buschey, Adrien-Georges, né à N.-D.-du-Hamel, 58 ans, juge ; fut député du Tiers Etat.

(2) Philippe, Nicolas Etienne, 28 ans, enfant de Bernay, bachelier et licentié ; fondateur, en 1793, de la première imprimerie locale. —(Voir notre notice sur l'*Imprimerie à Bernay*.)

(3) Boisgruel, Olivier Jacques, 69 ans, né à St-Aubin-le-Vertueux : ci-devant prêtre.

val jeune (1), Le Bertre Jacques-François (2) et Clauzet sont adjoints au citoyen Donnant pour aider aux préparatifs de cette fête.

7 germinal. — La séance est ouverte par « l'hymne des Marseillais » chanté en entier. Ensuite a lieu la représentation de la pièce dite « La Parfaite Egalité. » Elle a souvent été interrompue par les applaudissements des spectateurs, et la fin en a été couronnée par de nouveaux applaudissements assez longtemps prolongés. Les instituteurs et les élèves sont félicités et remerciés. Une seconde représentation est demandée pour le lendemain.

5 floréal. — La Société populaire prend des mesures pour la représentation, qui sera donnée décadi prochain, par les mêmes élèves, d'un petit ouvrage dramatique intitulé : *Il n'y a plus de bâtards en France.*

8 floréal. — A l'ouverture de la séance, qui s'est faite aux cris de : « Vive la République ! », on a chanté l'hymne : *Quels accents, quels transports, etc.* Ensuite on a commencé la seconde représentation de *La Parfaite Égalité.* Les mêmes acteurs y ont joué et ont eu le même succès. Les instituteurs, félicités, ont promis de renouveler le plus tôt et le plus souvent pos-

---

(4) Cheval, Louis Charles, 39 ans, bernayen de naissance ; était marchand.

(2) Le Bertre, 24 ans, originaire de Bernay, ex-étudiant ; était alors fabricant de toiles.

sible de pareilles représentations, dans lesquelles l'instruction sera toujours à côté du plaisir. Le citoyen Le Mercier (1) a chanté ce couplet de sa façon :

Enfans, vous avez su nous plaire,
Vous avez su nous amuser ;
La critique la plus sévère
Voudroit en vain vous attaquer.
Vous reclamés une indulgence
Dont vous n'avez aucun besoin,
Et chacun de nous aura soin
De prouver sa reconnoissance.

La Société a arrêté, par acclamation, que les noms des instituteurs et des élèves qui ont joué dans la représentation seraient inscrits au procès-verbal. Instituteurs : Mutel père, Donnant. Elèves acteurs : Blache, âgé de 16 ans ; Bréant, 16 ans ; Flévier, 14 ans ; Cheval, 14 ans ; Belhache, 13 ans 1/2 ; Hubert, 14 ans ; Prétavoine aîné et Prétavoine jeune, 14 ans ; Cauchois, 15 ans ; Fromage, 13 ans.

La séance s'est terminée par le chant du couplet chéri des vrais républicains et elle a été levée aux cris de : « Vive la République ! »

10 floréal. — L'Institut national de musique est dans la salle. On chante le couplet chéri : *Amour sacré.* La musique exécute plusieurs morceaux. Les élèves des écoles secondaires ont donné, avec le plus

---

(1) Nous ne savons ce qu'était le poëte Le Mercier et nous pensons qu'il n'habitait pas Bernay.

grand succès, la représentation d'un petit ouvrage dramatique intitulé : *Il n'y a plus de bâtards en France*. Entre chaque acte, la musique a exécuté plusieurs morceaux. Après la pièce, Le Mercier a chanté un couplet de sa composition pour remercier les jeunes acteurs et les féliciter de leur zèle. Ceux-ci, sur la demande générale, promettent de donner une seconde représentation le lendemain et de faire tout ce qui serait de leur pouvoir pour *ranimer l'esprit public* et mériter les suffrages de leurs concitoyens.

11 floréal. — Seconde représentation de la pièce précitée, avec le concours de l'Institut national de musique. Le Mercier chante un couplet de sa composition en honneur des jeunes élèves qui ont contribué à la représentation. Les instituteurs sont remerciés des peines et soins qu'ils prennent chaque jour à l'*instruction* de leurs élèves.

15 floréal. — Un membre demande, qu'à l'instar des écoles secondaires, la Société populaire s'occupât de donner des représentations de quelques pièces de théâtre. Après une assez vive discussion, l'ordre du jour est invoqué de toute part et adopté.

C'est la dernière mention que renferme le second registre de cette Société, dont la dissolution, arrivée peu de temps après, amena, croyons-nous, la cessation de ces représentations où la politique tenait une place trop large pour plaire à tout chacun.

Et puis, il est supposable que les riches familles de Bernay auront bien vite réfléchi que l'*instruction* de leurs enfants ne consistait pas seulement à en faire des comédiens et des philosophes républicains.

Nous pensons donc qu'à partir de mai 1795, la population bernayenne dut se contenter, en fait de comédie, des fêtes civiques qui, de plus en plus pâles, disparurent elles-mêmes avec 1799.

Voici celles qui eurent lieu en la dite année :

2 pluviose an VII (21 janvier 1799.) — Anniversaire de la mort du dernier roi des Français. On chante un hymne composé par le citoyen Harou (1).

2 ventôse. — Fête de la souveraineté du peuple.

10 germinal. — Fête de la Jeunesse.

10 prairial. — Fête de la Reconnaissance.

20 prairial. — Fête funèbre en honneur des ambassadeurs Français assassinés à Rastadt.

10 messidor. — Fête de l'Agriculture.

26 messidor — Fête de la Fédération. Dans la relation de ces fêtes, on cite le talent et le zèle du citoyen Laval (2) pour

---

(1) Harou, Jean-Baptiste-Philippe, né à Bernay vers 1760, était architete à Paris avant f'an 2, époque où il revint habiter sa ville natale.

(2) C'était un peintre décorateur distingué.

la partie décorative.

1ᵉʳ vendémiare ar VIII. — Anniversaire de la fondatiou de ia Républıque.

Cette fête civique est la dernière dont il soit fait mention dans les registres de la municipalité et nous pensons qu'il n'y en eut pas d'autr es (1).

En effet, le 12 du même mois, la municipalité constate à nouveau que le service de la garde nationale se fait aux fêtes décadaires avec une négligence punissable.

L'enthousiasme populaire était éteint !

V

Après un intervalle de onze années (de 1788 à 1799), les troubles intérieurs et extérieurs, qui agitèrent si violemment la France, et les fêtes nationales avaient causé la disparition, dans les petites villes de province, des troupes ambulaites de comédiens ; mais elles reparureit à Bernay en la dite année 1799, au moment même où la guerre civile était dars son plein.

En effet, le 13 thermidor an VII (31 juillet), un citoyen, dont le nom n'est pas indiqué, *artiste*, demande à la municipalité la permission d'ouvrir un spectacle dans l'édifice national servant à usage

(1) Disons cependant que, du 27 nivôse an 8 au 17 vendémᵣ° an 9, le registre n'existe plus.

de halle (1). Autorisation lui est accordée sous la condition qu'il ne nuira en rien au service public et que le dit citoyen se conformera aux dispositions des lois des 7 frimaire, 2 floréal. 8 thermidor an V, 2 frimaire et 19 fructidor an VI (2).

Trois jours après, le citoyen Jean-Pierre Pirault dit Brecourt (probablement le précédent), *artiste dramatique,* fait, au nom de la troupe dont il est membre, une demande analogue qui est agréée, à la charge de soumettre à l'administration le repertoire des pièces que cette troupe jouera, et de se conformer anx lois précitées.

Un dernier trait, se rapportant à cette troupe, démontre les dissensions politiques qui existaient à cette époque et qui éclataient jusque dans les endroits où l'on allait pour se récréer, au théàtre :

A la séance du 26 du dit mois, un membre de la municipalité observe que cette troupe négligeait de soumettre le repertoire des pièces qu'elle doit jouer ; qu'à la dernière représentation, un militaire ayant demandé le *Chant du Départ* avait été hué par un autre citoyen.

Après avoir entendu le citoyen Pirault, directeur de cette troupe, la municipalité, considérant qu'il est utile de prendre des

---

(1) C'était, comme de nos jours, l'ancienne église de l'abbaye bénédietine.

(2) D'après ces lois, le dixième du produit de la recette des comédiens était accordée à l'hospice civil.

mesures qui garantissent le théâtre et la commune de Bernay *des troubles qui ont éclaté dans beaucoup de spectacles* ; considérant aussi les dispositions des lois et arrêtés y relatifs (1), arrête : qu'un de ses membres se rendra à chaque représentation... ; que le commandant de l'infanterie en station à Bernay sera invité de mettre une garde de 5 hommes à la disposition de l'administrateur chargé de la police du spectacle... : que la troupe d'artistes est responsable des troubles qui peuvent éclater dans l'enceinte de la salle de spectacle (2).

On conçoit qu'en présence de dispositions aussi sévères, les troupes de comédiens délaissèrent la ville de Bernay et attendirent, pour y revenir, des temps plus calmés et aussi l'établissement d'une salle de théâtre ; ce qui eut lieu, pensons-nous, vers 1818, par les soins et aux frais de M. Assegond père, dans l'ancienne église du couvent des Cordeliers (3).

Ce charmant théâtre, dont un certain nombre de Bernayens ont conservé l'agréable souvenir, fera l'objet d'une causerie spéciale.

(1) Lois des 16 et 24 août 1790 et 4 août 1793 ; arrêtés du Directoire exécutif des 18 et 27 nivôse et 25 pluviôse an 4.
(2) *Délibérations municipales de Bernay, an 7.*
(3) La rue qui longeait ce théâtre porte encore le nom de *Rue de la Comédie.*

ADDITION

Dans la nomenclature des divertissements publics qui, il y a deux siècles,
esbaudissaient les bons habitants de la
ville de Bernay, il faut placer au premier
rang, sous le rapport théâtral, la tragé-
die qui était certainement jouée, au Collège de Sainte-Croix (1), par les élèves,
le jour de la distribution des prix.

Nous avons trouvé et cédé à un érudit
confrère (2) un imprimé rarissime ayant
trait à une des pièces jouées, dans la seconde moitié du 17ᵉ siècle, au collège de
Lisieux.

L'exposition des Arts rétrospectifs, te-
nue à Rouen, en 1884, montrait aussi un
certain nombre de tragédies jouées, aux
17ᵉ et 18ᵉ siècles, par les élèves du Collège de cette ville.

Pour Bernay, ces pièces sont introuva-
bles, et nos grands dépôts publics n'en
ont peut-être pas un seul exemplaire.

C'est dire avec quel plaisir nous rece-
vrions toutes communications relatives à
ces curieuses œuvres théâtrales, généralement suivies d'un « ballet moral. »

---

(1) Situé dans la rue aux Juifs, à quelques
pas de l'église Ste-Croix, ce Collège, qui sub-
sista jusque vers 1791, était tenu par des ecclé-
siastiques. Il avait été fondé, en 1680, par l'ab-
bé Asse, originaire de Bernay.

(2) M. Amédée Tissot, rédacteur en chef du
Lexovien et bibliothécaire de la ville de Lisieux.

Les troupes ambulantes de comédiens reparurent dans notre région, en 1796, à Laigle et à Bernay, non pas en 1799, mais bien l'année précédente.

En effet, le 10 ventôse an 6, une troupe de comédiens « plus que passable », établie à Laigle et ayant pour régisseur le citoyen Sainneville, *artiste dramatique*, écrit à la municipalité de Bernay qu'elle désirerait jouer quelques représentations pendant la Foire. Cette troupe demande un grand réfectoire de maison monacale ou autres pour construire un théâtre. Elle ajoute : « Nous avons, citoyens, des déco- « rations pour décorer proprement notre « théâtre ; elles sont composées de quatre « changements très frais et très propres. »

Autorisés à venir à Bernay, ces comédiens jouèrent, paraît-il, un certain rôle dans la division qui existait alors à l'état aigu entre les deux partis politiques. Ceci est, du reste, constaté dans l'état déca- daire, du 10 au 20 prairial, adressé à l'ad- ministration centrale par l'agent local. Ce- lui-ci, en effet, après avoir signalé la mau- vaise situation de l'esprit public, ajoute ces lignes confidentielles :

Je crois aussi que l'existence ici d'une mau- vaise troupe de comédiens contribue aussi à la perversion, non seulement de l'Esprit public, mais encore des mœurs des habitants, pour la plupart pauvres et peu amateurs du Théâtre, ne les suivent presque point, de sorte qu'ils ne font presque point d'argent. Cependant ils vi- vent en comédiens, ils vont dans les cafés ; ils se sont emparés de la jeunesse du pays et malheureusement qui, semblable à celle de bien d'autres lieux, ne fait montre que d'ignorance, d'attachements frivoles, surtout d'airs et de costumes anti-républicains (1).

Lorsque je considère le mauvais esprit de la ville de Laigle où ces comédiens ont été deux ans, lorsque je les vois se subdiviser dans les environs, car une partie d'entr'eux est allée s'établir à Louviers, lorsque je fais le rapprochement des circonstances dans lesquelles je sais que plusieurs se sont trouvés avec leurs excursions dans les campagnes, et leurs liaisons avec des hommes, je ne dis pas suspects, j'affirme convaincus de Royalisme, de crimes, je suis forcé de penser que ce sont des agents de corruption; enfin quelque chose de pire encore.

Après cela, on comprend les mesures rigoureuses prises par le gouvernement, en la dite année, contre les troupes de comédiens, et celles-ci, on l'a vu par l'incident qui se produisit en thermidor an 7, à Bernay (2), ne servaient qu'à envenimer davantage les passions polititiques qui devaient bientôt armer les citoyens les uns contre les autres, et faire de notre région le théâtre sanglant des drames de la *Chouannerie* (3).

---

(1) En la même année, les *collets noirs*, qui étaient de mode à Bernay, sont défendus par cet agent du gouvernement. (*Arch. mun. Copies*)

(2) La troupe Pirault ne resta que quelques jours à Bernay; elle se rendit à Laigle, précédée furtivement d'un de ses acteurs, Charles Edouard Demirecourt, dénoncé, le 5 fructidor, comme faisant partie des conscrits d'Yvetot.

(3) En l'an 8, des *Chouans* étaient : à Morainville, le 5 brumaire; près Evreux, où il y eut combat le 5 frimaire; à Monnai, le 24 nivôse et le lendemain au Sap où ils fusillèrent 8 citoyens

* 9 7 8 2 0 1 2 7 2 9 8 8 9 *